Dealing with Feeling Series

兒童情緒管理系列④

我好害怕
I'M SCARED

Elizabeth Crary ◆ 著　　Jean Whitney ◆ 繪圖

林玫君 ◆ 譯

譯者簡介

林玫君

現任
國立臺南大學藝術學院院長
國立臺南大學戲劇創作與應用學系專任教授
International Journal of Education & the Arts 戲劇教育主編
Research in Drama Education（SSCI）編輯顧問
台灣戲劇教育與應用學會理事長

學歷
美國亞歷桑那州立大學課程與教學組學前教育博士
美國亞歷桑那州立大學戲劇教育碩士

經歷
國立臺南大學戲劇創作與應用學系創系主任
教育部幼兒園美感及藝術教育扎根計畫主持人
教育部幼托整合國家課綱美感領域主持人
教育部師資培育之大學藝術領域教學研究中心（中學組）設置計畫主持人
國立臺南大學幼兒教育學系教授兼系主任
香港幼兒戲劇教育計畫海外研究顧問
英國 Warwick 大學訪問學者
美國華府 George Mason 大學訪問學者

論文及譯／著作
幼兒美感暨戲劇教育及師資培育等相關論文數十篇及下列書籍：
《兒童戲劇教育之理論與實務》（著作，心理，2017）
《兒童戲劇教育：肢體與聲音口語的創意表現》（著作，復文，2016）
《幼兒園美感教育》（著作，心理，2015）
兒童情緒管理系列（譯作，心理，2003）
兒童問題解決系列（譯作，心理，2003）
兒童自己做決定系列（譯作，心理，2003）
《在幼稚園的感受：進森的一天》（譯作，心理，2002）
《創作性兒童戲劇入門：教室中的表演藝術課程》（編譯，心理，1995）
《創作性兒童戲劇進階：教室中的表演藝術課程》（合譯，心理，2010）
《酷凌行動：應用戲劇手法處理校園霸凌和衝突》（合譯，心理，2007）
《創造性戲劇理論與實務：教室中的行動研究》（著作，心理，2005）

「情緒」是人類與生俱有的本能與特點，它是一種複雜又難以用言語形容的生理反應及心理感覺。無論對大人或兒童而言，如何了解及面對自己的情緒是一件重要的事。多數的人都能接受正面的情緒如快樂、高興、喜悅或驚喜；但許多負面的情緒如生氣、悲傷、害怕或焦慮等反應，卻讓人難以接受。因此，當我們聽到孩子哭的時候，常常急著平撫：「乖乖，不要哭。」再不然，就斥責小孩：「哭什麼哭，有什麼好哭的？」當耐心磨盡時，更會威脅著說：「再哭，我就叫警察來抓你了！」通常孩子會愈哭愈大聲，不然就是被迫停止哭泣，但心中的不解與情緒的震撼，始終未被適當地疏導或解決。勉強壓抑的情緒終究會繼續發生，就像是個不定時炸彈，不知何時又會爆發。

許多負面的情緒常是因著一些生活上的問題或衝突未獲解決而產生。在面對孩子的麻煩時，大人常常以簡化的方式來擺平問題，例如在家中或教室裡，我們常會聽到成人要肇事的孩子以「對不起」、「用說的」、或是「下次不可以這樣」來解決問題。而有些大人則認為，孩子應該學著去解決自己的問題，因此，當衝突發生時，就告訴孩子：「我不管，你們自己去處理。」問題是——大人從來沒有提供任何的引導，孩子怎麼知道他可以如何解決當下發生的問題？

從小就很少有人教導我們如何去面對、接受或處理一些複雜難過的情緒與問題。多數人一直被教導著要「知禮守份」，只要乖乖聽話或用功讀書就好，其他的一概不用管，也不需要學。在生活中，「生氣罵人」是大人的權利；而「害怕」、「哭泣」是小Baby的行為。當生氣難過時，我們已經習慣去壓抑這些大人所認為的「不恰當」反應；而當麻煩出現時，我們也學著去忽略或者簡單處理這一些問題。漸漸地，當我們成為父母、為人師表時，在面對孩子的情緒反應及問題行為的當下，我們也不自覺地運用同樣的方法去壓抑這些負面的情緒及生活中的問題。

在今日瞬息萬變的社會中，孩子更是提前面對各類複雜的情緒與問題。家長與教師在處理這些狀況時，不能再如以往，用逃避或壓抑的態度來面對，他們更需要提供孩子各類的機會去了解自己的情緒且學習如何解決因應而生的問題。本書作者Elizabeth Crary就針對這個部分的需要，提供她個人的專業經驗。作者利用故事情境，為成人及孩子提供一個互動討論的空間。透過故事中的替代經驗，孩子得以發現不同的情緒表達方式與不同的行動所產生的後果。除了直接的討論外，筆者也建議成人利用戲劇扮演的方式來引導幼兒。藉此，幼兒更能深刻體認劇中人物的遭遇，並藉此來探討與自己有關的情緒經驗和社會問題。

林玫君

情緒的處理

為什麼要寫一本與「害怕」有關的書？

許多家長常請我幫忙處理孩子情緒上的問題，或許是因為很多人從小就被教導去忽略自己的感覺，而當他想要以不同的方式來養育自己的孩子時，實在不知道要怎麼辦。

這本書怎麼幫助家長？

《我好害怕》這本書可以幫助孩子接受自己的情緒，且學習如何回應自己的情緒。

這本書示範家長如何運用建構的過程來處理害怕的感覺。它呈現一位家長如何以開放的態度和孩子討論感覺的過程。故事也為幼童提供各種不同的選擇，透過口語、肢體動作、及各種創意的方式，來表達自我的情緒。此外，本書也為一些想要改變自己，來回應孩子情緒的家長，提供正面示範。

要如何使用這本書呢？

如果能夠經常使用本書且時間夠長，它的效果會更好。如果只讀一、兩次，可能不會有太大的改變。但是你可以開始幫助孩子，將書中的故事轉換成現實生活中的真實情況。

▶ 幫助孩子分辨感覺和行動的不同

一起讀這本書，然後讓孩子決定其中的選擇方式，在每一頁的最後，你可以問孩子：「小慧現在覺得怎麼樣？」「她下一步會怎麼做？」接著下一頁會有更多與情緒相關的討論。

▶ 介紹不同的選擇方案

孩子需要不同的方法來處理個別的情緒問題。這個故事提供了九個不一樣的點子。當你讀完書的時候，可問你的孩子：「小慧還可以怎麼做？」然後你可以把你孩子的反應寫在最後一頁的想法欄上。

▶ 以這本書為基礎來討論其他的情況

開始時可以討論一些發生在別人身上的事情。要孩子先認出當中的情緒，再討論他們所做的選擇。與孩子談話時，盡量避免用評斷的態度，可以用幫助孩子用收集訊息的角度切入。

例如：有一個來家裡玩的小客人叫心怡，時間到了還不想回家，此時，我們可以問孩子：「該是回家的時候了，而心怡會有什麼感覺？她覺得很難過時，做了什麼事？後來又做了什麼事？」一些可能的回答如：「她不理會爸媽的要求，而且說『不。』」或是「她很不高興，而且不耐煩的說：『好吧。』」

當孩子面對別人的問題，能夠客觀地把感覺和行為分開討論時，你也可以同樣的態度，來討論孩子自己所做過的事情。

Elizabeth Crary
西雅圖 / 華盛頓

情緒和父母親的角色

身為一位老師或家長，你的角色就是要幫助孩子了解和處理自己的情緒問題。孩子的情緒需要得到認可；同時，他們也需要得到一些和情緒有關的訊息，及如何處理這些問題的方法。下面將一一說明：

一、發展一套描述情緒的字彙

有時候孩子會為一些強烈的情緒所困擾。若想深入了解，最簡單的方式，就是開始為這些「情緒」命名。例如：

- 分享你的感覺：「我覺得很沮喪，因為我不小心把咖啡倒在地板上。」
- 跟孩子們一起閱讀與情緒有關的書，如本系列相關的書。
- 觀察他人的情緒，例如：「我打賭，他一定會以他得到 A+ 的成績自豪。」

此外，為孩子介紹用不同的語彙，來表達一些相關的情緒和感覺，例如：發火、生氣、惱怒、不安等字眼。

二、幫助孩子分辨情緒和行動的差別

了解情緒並沒有好壞之別。「感覺生氣」並不表示「好」或「不好」。但是「打人」卻是一種行為，「打人」就是不能被接受的。你可以說：「你生氣沒有關係，但是我不能讓你打妹妹。」

三、接受且強化孩子自己的情緒

大部分的人都已經被訓練成忽略或壓抑自己的情緒，例如女孩子常常被教導：「『生氣』不是女生該有的行為，那很不恰當。」而男孩子就會被教導「不可以哭」。你可以透過傾聽和回應，來認可孩子的任何感覺。單單傾聽就好，不要隨意做判斷，應該把兩件事分開處理。要記得，孩子的感覺是屬於他們自己的。

當你回應孩子的感覺時，例如：「你很生氣，因為心怡現在就得回家了！」你並不是想要去解決這個問題，而是透過回應來知會孩子的情緒狀態，進一步幫助他們處理自己的問題。

四、提供孩子多樣處理情緒的方法

如果大部分的孩子，能如你所意，用「說」的方式來表達自己的情緒，大人就省掉許多處理兒童情緒的麻煩了。但是孩子需要各式各樣的方式來反映自己的情緒，不論透過聽覺的、肢體的、視覺的、創造的、或者是自我安慰的方式。一旦孩子對各式各樣的情緒表達，有了親身的體驗後，你就可以問問他們喜歡運用哪一種方式。

例如：「你現在要生氣嗎？」「還是想要改變你的情緒？」如果你的孩子想要改變，你可以說：「那你要怎麼做呢？我們看看，你可以繞著那些積木跑來跑去，或者是寫一張卡片寄給心怡，或者談談這些感覺，或者讀你最喜歡的故事書。」在你為孩子提供這些不一樣的點子時，讓孩子選擇合乎自己需要的方法。基本上，所有的孩子都需要覺得自己的情緒被認可接受。

五、也請你溫柔地對待自己

記得哦，有一些問題很快就能夠被解決，而有些其他的問題，需要花上比較長的時間和反覆的練習。為你的孩子和自己所想要的目標，勾勒出一份長遠的計畫。在過程中可以不斷地提醒自己，你已經做的努力和進步。

小慧迫不及待地在那裡等待隔壁的新鄰居搬進來。她看到了三輛小孩子的腳踏車，因此她想，新搬來的鄰居至少有三個小孩。她希望有和她年齡相當的小孩。因為小慧最好的朋友已經搬走了，她一直覺得非常地孤單。

「媽，妳想他們會不會有小孩跟我年紀一樣大呢？」當她跟哥哥在幫媽媽做餅乾的時候，她這麼問媽媽：「其中一輛腳踏車的高度和我的一樣耶！」

媽媽回答：「很有可能啊！」

小慧問媽媽：「妳真的這麼認為嗎？」

「妳等等看啊，看看是不是真的這樣！」媽媽說。

小慧埋怨地說：「可是我現在就想知道嘛！好吧，那我就假裝現在有一個新的朋友，他會和我一樣喜歡棒球、喜歡騎腳踏車和讀故事書，而且他也討厭狗，尤其是那種很大的狗。而且他最喜歡的顏色是藍色。還有……」

「小慧！小慧！」她的哥哥從客廳那邊大喊著：「有一輛車從巷口隔壁的房子開過去了……」在他還沒有講完那句話的時候，小慧的鼻子已經貼著窗戶向外張望了。

「我看不到他們！」她在那裡哇哇叫：「那些小孩，全部都跑到另外一邊去了。」她快步走到廚房問媽媽：「媽！我還要等多久餅乾才可以烤好呢？」

「快了、快了！」彥宏（小慧的哥哥）大喊。而在這個時候，門鈴響了。

小慧很快跟著哥哥去開門。但是，她的微笑突然從臉上消失了，因為在樓梯間站著三個小孩和一隻狗，一隻很大而且跳來跳去的狗。小慧嚇壞了！

你想，小慧這時候該怎麼辦呢？

聽聽孩子的意見，如果他們沒有任何的建議，可以繼續翻到下一頁。

9

「媽！」她很快跑回廚房大哭說：「媽咪！有一隻狗！我好害怕哦！牠可能會像上次那隻狗一樣咬我！」

「有一些狗或許會傷害妳，但是有一些狗很有趣又好玩哦！當妳『覺得害怕』時，有時會是一個警訊。這時妳就要檢查看看，自己到底安不安全？然後再決定要怎麼做。妳看這一隻狗看起來是不是很危險呢？」媽媽問她。

「不……」小慧回答，「但是我不知道該怎麼做啊？」

「好吧，我想我可以給妳一些建議。」

媽媽很冷靜地回答：「嗯，妳可以——

妳覺得這些建議夠不夠讓妳開始去試試看呢？」小慧點點頭。

她的媽媽問她：「你會先試哪一個方法呢？」

你覺得小慧會先試哪一個方法呢？

請翻到孩子選的那一頁，如果孩子沒有選擇任何一個方法，請翻到下一頁。

11

從室內往外看

「我很害怕，我根本就不敢出去，我乾脆在客廳的窗戶看新鄰居的小朋友好了。」小慧這麼覺得。

小慧慢慢地走到窗戶往外看。那些小朋友都在跟彥宏說話且愉快地笑著。「我真希望可以知道他們在說些什麼……」她想。

當那些小朋友在講話的時候，她看到那隻狗突然跑到哥哥的旁邊，在他的身上聞來聞去，而且撲到他的身上。彥宏笑了，而且把狗狗往下壓，跟牠玩。「真好玩！」小慧想：「當我躲在房裡看的時候，那隻狗就沒有這麼嚇人了。」

彥宏看到妹妹在窗戶看著他們，就把他們的新鄰居帶過來：「來嘛，快點出來呀，小慧！阿福非常地友善！牠不會傷害妳的。」就在哥哥這麼說的時候，阿福突然跳到彥宏的身上，而且幾乎把他推倒！

小慧的心臟又開始噗咚跳起來，「哦，謝謝你，我現在還不太想出去……」小慧這樣回答。她很想加入他們，可是她心裡實在很害怕。

你覺得小慧會怎麼做呢？

請小朋友把狗帶回家 ………………………………………… 第14頁

牽著媽媽的手走出去 ………………………………………… 第16頁

12

13

請小朋友把狗帶回家

小慧想了一會兒，然後她跟新鄰居大喊：「你們可不可以把狗帶回家，然後再過來我家呢？」

那個大哥哥回答：「因為阿福整天被關在我們的小車子裡面，我們要讓牠出來跑一跑對牠比較好。妳為什麼不出來跟牠玩呢？牠真的非常友善哦！」

小慧說：「我很不喜歡狗，牠們實在太大了，而且跳來跳去，動個不停，我實在很怕！」

「我以前也很怕狗，可是現在阿福是我的好朋友。我會讓牠到巷口旁邊跑跑，等到牠不再那麼興奮，我再讓妳看看怎麼樣和我的狗做朋友。」

當小朋友把那隻狗帶回來的時候，你想小慧會怎麼做呢？

牽著媽媽的手走出去 ⋯⋯⋯⋯⋯⋯⋯ 第16頁

和狗做朋友 ⋯⋯⋯⋯⋯⋯⋯⋯⋯ 第18頁

14

15

牽著媽媽的手走出去

　　小慧真的很想和那位新搬來的小女孩認識，但是她實在非常怕她的狗。

　　當那些小朋友溜狗回來的時候，小慧拉著媽媽的手，去和那些小朋友見面。她的腳一直發抖，但是抓著媽媽的手讓她稍微覺得舒服一點。

　　彥宏為她的妹妹介紹了這些新鄰居：「小慧，這個是小峰，這個是文琪，這個是他們的哥哥小菘，還有狗狗阿福。鄰居們，這是我的妹妹小慧，還有媽媽。」

　　小慧說：「你們好。」不過她也同時緊緊抓著媽媽的手，她跟文琪講話的時候，小慧看著阿福到處聞來聞去。雖然那隻狗搖頭晃腦，想要掙脫鏈子，但她可以看到小菘手上緊緊地握著狗鏈。小慧慢慢地把手從媽媽的手中放開，然後就跟小女孩一起坐在臺階上講話。

　　當文琪知道時間已晚的時候，她說：「哦哦，我們應該回家了耶……在我們走之前，妳想不想跟阿福做朋友啊？」

　　「大概可以吧！」小慧說。可是她可以感覺到，光是想到要跟阿福接近，那種害怕的感覺又回來了。

（請翻到第 18 頁。）

和狗做朋友

最後小慧終於想自己可以去和那隻狗做朋友，「至少，」她自言自語：「哥哥不會讓阿福傷到我的。」

鄰居的大哥哥將狗鏈交給彥宏，而且讓狗蹲下來到小慧的高度時說：「我的名字叫小菘，阿福從來不會咬別人，但牠是個好奇的小狗，跟我們人一樣，都很好奇，雖然妳很怕牠，牠還是對妳很好奇，妳看，牠是不是正在用力拉扯牠的鏈子想盡辦法要跟妳接近呢？」

小慧點點頭說：「我很高興牠只是好奇而不是肚子餓。」

小菘說：「妳如果要跟一隻狗交朋友的話呢，妳可以將妳的手伸出來，像這個樣子，讓狗跟妳接近，然後嗅嗅妳、聞聞妳，阿福可能會跳到妳身上，甚至舔妳，但是牠不會咬妳的。好，現在試著把妳的手指頭直直的伸出來，像我這樣子做。」

小慧很膽小地把她的手慢慢地伸出來，阿福就往前去聞她的手。當狗接近她的時候，她對自己說：「他們不會讓牠傷害我的，他們不會讓牠傷害我的……」當狗碰到小慧的手時，小慧的手馬上縮回去，雖然如此，她心裡想：「好吧，雖然還是會害怕，但是至少沒有像以前那麼害怕了……」

你想，小慧會怎麼做呢？

深深地吸一口氣，然後拍拍阿福 ⋯⋯⋯⋯⋯⋯⋯⋯⋯⋯ 第20頁

問問別人怎麼克服害怕 ⋯⋯⋯⋯⋯⋯⋯⋯⋯⋯⋯⋯⋯⋯ 第24頁

深呼吸五次

　　小慧說：「我真的很想喜歡狗，可是我好害怕哦！」

　　「有時候當我很害怕的時候，」彥宏說：「我會停止呼吸，當我的呼吸不正常的時候，反而會很害怕，可是當我深呼吸五次的時候，我就覺得好多了……妳可以先深呼吸幾口氣，然後再來拍拍阿福啊！」

　　「好吧，我試試看吧！」小慧這樣說。但是再來拍拍阿福這個想法突然間讓她覺得更害怕，她站在那裡一會兒，幾乎整個人都要麻痺了，突然間她發現她自己真的沒有在呼吸。「我覺得哥哥說的沒錯。」她想。所以她就深深地吸了一口氣，再慢慢吐出來。

　　「嗯！覺得好一點了！」她再吸了一口氣，吸進去的氣似乎可以讓她的感覺沉澱下來，不再那麼害怕了。她慢慢地又吸了一口氣，再慢慢地把手伸出來，伸向阿福。當阿福轉過來面對她的時候，她好像可以感到那種害怕的感覺又開始了。當她把手移開時，她發現自己又沒有在呼吸了。

　　她又再深深地吸了一口氣，先慢慢地摸摸阿福的頭，再慢慢地把她的手移到阿福的脖子。牠的毛很順很好摸，而且感覺有一點點硬硬的。

　　她覺得好多了，她告訴彥宏：「我仍然很怕。但是，好像只要我一直記得深呼吸的話，我就沒那麼怕了。」

（請翻到第22頁。）

20

唱一首快樂的歌

　　隔天，小慧想要去拜訪她的新朋友文琪，「我不知道該怎麼辦，」小慧喃喃自語：「我真希望可以跟文琪一起玩，可是我很怕阿福，牠一定會對著我亂叫，而且跳到我身上，我該怎麼辦呢？」

　　「我知道了！」她突然大叫：「我可以唱爺爺教我的那首歌啊！」

　　高高地站起來，不要覺得自己太渺小。

　　唱一首快樂的歌，

　　讓害怕消失不見，把害怕趕走。

　　小慧慢慢地走到隔壁去，當她走到鄰居的大門的時候，她可以聽到阿福在房子裡大叫。她深深地吸一口氣，然後開始唱歌。

　　當她開始唱歌時，她就能忘了阿福吼叫的聲音。她敲了門，「文琪，我可不可以找妳出來玩呢？」她問。

　　文琪的媽媽說：「當然啦，我去叫她，妳要不要進來坐坐啊？」

　　「不了，謝謝您，我會在外面等的。」

　　你覺得小慧會怎麼做呢？

23

問問別人怎麼克服害怕

「文琪，你有沒有怕些什麼事情呢？」小慧問她的新朋友。

「當然啦，我以前很怕很怕蜜蜂，其實我到現在還是不喜歡牠們，但是呢，現在牠們不會再像以前那樣把我嚇壞了。」

「為什麼你現在不會那麼怕了呢？」小慧問她。

「我以前很怕蜜蜂，所以我從來不到外面吃飯或者到公園裡玩，我媽媽和我就做了一個計畫，讓我能慢慢地習慣那些蜜蜂，不會再害怕。」

「首先，我媽媽從圖書館借了一些和蜜蜂有關的書回來，我們反覆地讀這些書，我看著那些圖案也知道，牠們不會傷害我的。有一種蜜蜂叫做『線球蜜蜂』，媽媽會假裝是牠，就在我的旁邊飛來飛去，並在我的旁邊停下來。」

「當我習慣了媽媽假裝的蜜蜂之後，她就去抓了一隻真正的蜜蜂，而且把牠放在一個罐子裡。剛開始的時候，我連接近都不敢接近，雖然牠是在罐子裡面。慢慢地，我敢拿那個罐子了。當我聽到那隻蜜蜂在那裡嗡嗡叫的時候，我就會深深地吸氣，然後慢慢地吐氣，做深呼吸來防止與克服自己的害怕。現在我很喜歡在外面玩，當有隻蜜蜂過來的時候，我就離開牠，但是我不會像以前那樣子驚慌了。」文琪這樣說。

你覺得小慧會怎麼做呢？

會深深地吸一口氣，然後拍拍阿福 ⸺ 第20頁

還是做一個計畫讓自己不要這麼害怕 ⸺ 第26頁

25

做一個計畫

「我要怎麼做才可以讓自己不再那麼害怕呢？」小慧決定去問文琪的哥哥：「小菘哥哥，文琪說你以前也很怕狗，是真的嗎？」

「是真的啊，不過那是很久很久以前的事了。」小菘說。

小慧問他：「你如何變得不怕狗了呢？」

「我學習怎麼去分辨一隻狗是很生氣，還是在和你玩，然後我爸媽買了一隻小狗。當阿福剛剛來我們家的時候還很小，而且很好笑，我實在沒有辦法拒絕喜歡牠。當牠長高的時候，我發現我再也不會怕狗了。」

「或者我也可以那麼做。」小慧說：「嗯，我也來試試看吧，我可以請媽媽幫我買一隻小狗，彥宏也想買一隻狗，但是我實在很怕狗，所以媽媽一直沒有幫我們買一隻狗。可是，你怎麼知道狗很生氣呢？」

「當狗很生氣的時候，牠會把牙齒露出來，而且大聲地吠叫。牠耳朵會豎起來，而且牠脖子上還有背上的毛也會豎起來，牠的尾巴通常也會變得很僵直，還有牠的頭會稍微有一點點向下壓，跟牠的背一樣高。如果妳覺得一隻狗在生氣，要小心地往後退。」他解釋給小慧聽。

「好吧，一隻發瘋的狗真的是讓人害怕，但也許我可以學著去喜歡一隻友善的狗，至少學著去喜歡一點點。」小慧很高興的跑回去找媽媽。

26 （請翻到第28頁。）

買一隻小狗

「媽媽、媽媽，我想我已經知道怎樣不再那麼怕狗了！」當小慧跑回家的時候，她一面喘氣，一面告訴媽媽。「是什麼方法？」媽媽問。

「當小菘哥哥很小的時候，他的爸爸媽媽買了一隻小狗給他，因為他很怕狗。可是那隻小狗好可愛，所以讓小菘哥哥忘記害怕了，我們可不可以也買一隻狗啊？」

「嗯，讓我弄清楚，妳認為如果我們買了一隻小狗，妳就會喜歡狗嗎？而且，當這隻小狗長成一隻大狗的時候，妳還會喜歡牠，是不是這樣子啊？」媽媽問。

「呃，我想是的。我們可不可以養一隻小狗啊？媽媽。」小慧一直跟媽媽拜託。

「好吧，我們是可以考慮。晚餐以後，我們可以去林太太那裡，她的狗剛剛生了小狗，而且她在幫她的小狗找新的家。」

「哥哥和我可以一起跟小狗玩耶，我們可以一起餵牠還有帶牠散步哦！」小慧說。

「嗯，妳似乎已經為養小狗的事想好了一些方法。妳是對的，一隻小狗牠最需要的就是很多的愛，還有照顧。」媽媽說。

（請翻到下一頁。）

幾個月以後呢，小慧坐在樹下，在幫阿福的頭搔癢。「妳知道嗎？文琪，去年的春天，我絕對不敢像現在這個樣子的。」

「這是什麼意思呢？」文琪問。

「當你們剛搬來時──要不是因為阿福，我絕對不會有機會認識小白的。我實在太怕狗了，我根本連看都不敢看，可是現在我卻敢坐在這個地方，幫阿福搔頭，而且呢，我也抱著自己的狗小白耶！」

（結束）

31

想法攔

小慧的想法	你的想法
✔ 從室內往外看	✎ _____
✔ 請小朋友把狗帶回家	✎ _____
✔ 牽著媽媽的手走出去	✎ _____
✔ 和狗做朋友	✎ _____
✔ 深呼吸五次	✎ _____
✔ 唱一首快樂的歌	✎ _____
✔ 問問別人怎麼克服害怕	✎ _____
✔ 做個計畫	✎ _____
✔ 買一隻小狗	✎ _____
	✎ _____
	✎ _____
	✎ _____
	✎ _____
	✎ _____
	✎ _____
	✎ _____
	✎ _____

兒童情緒管理系列 52010

我好害怕

作　　者：Elizabeth Crary
插　　畫：Jean Whitney
譯　　者：林玫君
總 編 輯：林敬堯
發 行 人：洪有義
出 版 者：心理出版社股份有限公司
地　　址：231 新北市新店區光明街 288 號 7 樓
電　　話：(02) 29150566
傳　　真：(02) 29152928
郵撥帳號：19293172　心理出版社股份有限公司
網　　址：http://www.psy.com.tw
電子信箱：psychoco@ms15.hinet.net
駐美代表：Lisa Wu（lisawu99@optonline.net）
排 版 者：博創印藝文化事業有限公司
印 刷 者：博創印藝文化事業有限公司
初版一刷：2003 年 1 月
初版十三刷：2019 年 5 月
Ｉ Ｓ Ｂ Ｎ：978-957-702-549-4（全套）
定　　價：新台幣 650 元（全套六冊，不分售）

解決社會問題……

兒童問題解決系列 教導兒童思考他們所遇到的問題。每個互動性的故事可讓讀者選擇主角的行動，並且知道結果為何。適用年齡為三至八歲。

本系列由 Elizabeth Crary 撰寫， Marina Megale 繪圖，林玫君翻譯。

52021 美美和咪咪都想玩小貨車

52022 小珍不喜歡被小迪叫笨蛋

52023 宗凱不想一個人玩，他想和別人一起玩

52024 修文的媽媽準備要出門，他感到難過又害怕

52025 琪美正在玩跳跳床，小志也想玩，他等不及了！

52026 佳佳和爸爸在動物園走失了，她很擔心找不到爸爸

應付強烈的情緒……

兒童情緒解決系列 介紹六種強烈的情緒。孩子可以從書中發現安全且具有創造性的方式來表達這些情緒。每個互動性的故事可讓讀者選擇主角的行動,並且知道結果為何。適用年齡為三至九歲。

本系列由 Elizabeth Crary 撰寫,Jean Whitney 繪圖,林玫君翻譯。

52011 我好生氣

52012 我好沮喪

52013 我好得意

52014 我好害怕

52015 我好興奮

52016 我好氣憤

解決人際關係的困擾……

兒童自己做決定系列 教導兒童去思考他們和其他兒童相處時可能遇到的問題。每個互動性的故事都可讓讀者選擇主角的行動，並且知道結果為何。適用年齡為五至十歲。本系列由 Elizabeth Crary 撰寫，Susan Avishai 繪圖，林玫君翻譯。

52031 有人偷了心怡的醃黃瓜，她該怎麼辦呢？

52032 小威需要安靜，他的妹妹想要玩──現在，他該怎麼辦？

52033 芳芳的一個同學總是從她頭上搶走她的帽子，她該怎麼辦？

52005 在幼稚園的感受：進森的一天

　　讓我們跟著進森走入他的幼稚園，去體驗一個四歲大的孩子，在學校一天生活中可能發生的狀況與感受，包含生氣、驕傲、及各種複雜的心情。透過老師的幫忙，進森慢慢練習用言語來表達他的感受。老師可以試著拿進森的例子和幼兒討論他們的感覺。在學前的階段，如何妥善表達及處理自己的感覺是非常重要的學習經驗。

　　本書由 Susan Conlin 與 Susan Levine Friedman 撰寫，M. Kathryn Smith 繪圖，林玫君翻譯。